Inhaltsverzeichnis

Anmerkungen aus dem Verlag

Liebe Leserinnen und Leser!

Diese didaktischen Materialien enthalten zwei Bilderbuchklassiker zur Prävention von sexuellem Missbrauch für Mädchen und Jungen im Kindergarten- und Grundschulalter: *Kein Küsschen auf Kommando* und *Kein Anfassen auf Kommando*. Im Rahmen der neuen Bearbeitung haben wir den beliebtesten Teil, *Kein Küsschen auf Kommando*, in verschiedene Sprachen übertragen. Wir wollen damit zum multikulturellen Lernen und zum Austausch anregen, Respekt und Verständnis zwischen den Kulturen fördern und auf breiter Ebene Zugang zu Wissen über sexuellen Missbrauch erleichtern.

Diejenigen unter Ihnen, die im multikulturellen Kontext arbeiten, haben uns zu diesem Schritt ermutigt.

Die Übersetzungen in dieser Mappe decken die Sprachen ab, für die wir die größte Nachfrage feststellen konnten. Wir hoffen aber, künftig auch Übertragungen in weitere Sprachen anbieten zu können, die wir dann im Internet für Sie zugänglich machen werden.

Die Kopiervorlagen enthalten jeweils eine Blankoversion, die Sie selbst für die Übertragung in andere Sprachen benutzen können – je nach Ihrem individuellen Bedarf.

Wir freuen uns, wenn Sie Ihre Übersetzungen auch anderen zukommen lassen und damit zur Verbreitung weiterer Sprachversionen beitragen wollen. Schicken Sie uns Ihr Material. Nach Möglichkeit nehmen wir es in unsere Internetseite auf.

Die Verwendungsfreigabe für Kopiervorlagen im Impressum gibt Ihnen den nötigen rechtlichen Spielraum für Ihre Arbeit mit dieser Mappe.

Wir wünschen Ihnen und uns einen kreativen Umgang mit der vorliegenden koPPischoPP-Mappe und freuen uns über Ihre Rückmeldungen und Anregungen.

Köln im Dezember 2004
verlag mebes & noack

Einleitung

Über die Jahre haben die Malbücher *Kein Küsschen auf Kommando* und *Kein Anfassen auf Kommando* viel mitgemacht. Sie wurden einzeln oder im Doppelband herausgegeben, in kleinem oder großem Format, ergänzt durch Spielvorschläge – und jetzt erhalten die bewährten Spiele und Aktivitäten auch noch multikulturelle Ergänzungen.

Als Autorin habe ich große Freude daran, diese Entwicklung zu sehen und zu beeinflussen. Ich bedanke mich bei allen, die dazu ihren Beitrag leisten durch ihre Anregungen und Wünsche, durch ihre positive wie negative Kritik. Ich hoffe, ich habe das Beste daraus gemacht ...

Kein Küsschen & kein Anfassen auf Kommando geht von den einfachen Grundlagen der Prävention von sexuellem Missbrauch aus. Dies sind vor allem:

- die Unterscheidung von schönen, schlechten und „komischen" Gefühlen, die durch Küsse oder Berührungen ausgelöst werden,
- das Recht, schöne Gefühle zu genießen,
- das Recht, Nein zu sagen, wenn jemand „komische" oder schlechte Gefühle durch Küsse oder Berührungen auslöst,
- das Recht, Hilfe zu holen, wenn die Person nicht damit aufhört.

Ziel von Präventionsarbeit ist es, soziale und kommunikative Fähigkeiten zu entwickeln, die bei der Realisierung dieser Grundsätze helfen.

Die Pisa-Debatte hat zum Weiterdenken über Konsequenzen für den pädagogischen Alltag angeregt. Auch die Präventionsarbeit sollte davon nicht unberührt bleiben. Fachdiskussionen mit Kolleginnen und Kollegen aus Projekten und Anlaufstellen, die im *Bundesverein zur Prävention von sexuellem Missbrauch an Mädchen und Jungen e.V.* aktiv für die Qualitätssicherung in der Präventionsarbeit eintreten, haben dies ebenfalls unterstrichen. Qualitätssicherung steht in Bezug auf die vorliegende Mappe auch für die Wahrnehmung anderer Kulturen, ihrer Sprache und für ihre Integration in unsere Präventionsarbeit.

In den letzten Jahren sind erfreulicherweise einige Initiativen entstanden, die beispielsweise türkische Familien ansprechen. *Strohhalm* Berlin hat dazu Material entwickelt. Bei *Eigensinn* Bielefeld wurde eine entsprechende Broschüre in türkischer Sprache herausgegeben, *Amyna* in München bietet Informationsveranstaltungen zur interkulturellen Arbeit mit weiteren Kulturgruppen an und dergleichen mehr.

Dies sind sehr spezifische Ansätze hauptsächlich vor dem Hintergrund von Migration. In der vorliegenden Mappe geht es allgemein um ein Verständnis von und für Kinder aus anderen Ländern und Kulturen des europäischen Raums, aber auch darüber hinaus.

Aufgrund der Pisa-Studie wurden Anstrengungen zur Entwicklung von mehrsprachigen Büchern und Materialien für Kindergarten und Grundschule unternommen. Dies gilt es in der präventiven Arbeit aufzugreifen und für die spezifischen Belange unserer Zielgruppe umzusetzen.

Berücksichtigung finden also neben den klassischen Präventionsgrundsätzen und Arbeitsschritten:

- die Förderung interkultureller Verständigung als Basis für gegenseitigen Respekt;
- das dialektische Lernen bei Mädchen und Jungen mit deutscher Herkunftsfamilie bzw. deutscher Herkunftskultur. Darunter fällt die Entwicklung kommunikativer Fähigkeiten, die über die eigene Sprache hinausgehen. Die Beschäftigung mit einer anderen Sprache und die Aneignung von Präventionswissen fördern sich gegenseitig;
- die Integration von Kindern mit Herkunftsfamilie und Herkunftskultur eines anderen Landes in die präventive Arbeit. Auch hier spielt das dialektische Lernen eine Rolle, denn Deutsch als Zweitsprache dient sowohl der Integration als auch dem Erlernen und Vertiefen von Präventionswissen;
- eine stärkere Gewichtung im kommunikativen Bereich, der das Erlernen von Sprachkompetenzen mit einbezieht. Dies erleichtert Eltern einen Zugang zur Prävention und minimiert die Angst vor dem Thema sexueller Missbrauch.

Kinder und ihre Familien, die aus einer anderen Heimat kommend in Deutschland leben, werden häufig aus einem Blickwinkel betrachtet, der Defizite im Vordergrund sieht. Dies betrifft hauptsächlich ihren Mangel an Sprachkenntnissen und an der Kenntnis der Kultur, in der sie nun leben.

Ein Umdenken, das den Blick auf die Fähigkeiten richtet, die Menschen aus anderen Ländern mitbringen, kann Erstaunliches in Gang setzen und sich positiv im Sinn von Respekt und Anerkennung auswirken. Wie später in einigen didaktischen Vorschlägen zu sehen sein wird, ist die aktive Mitarbeit der Mütter und Väter von Kindern anderer Kulturen Teil der Übungen. Außerdem haben anderssprachige Kinder einer Gruppe oder Klasse hier die Gelegenheit, ihre besonderen Fähigkeiten und Kenntnisse Gewinn bringend für alle einzusetzen.

Die vorhandenen Fähigkeiten werden oftmals nicht wahrgenommen. Kinder wie Eltern erleben kaum eine Wertschätzung dessen, was sie als Lebenskompetenz mitbringen.

Dabei haben sie viele schwerwiegende Entscheidungen getroffen. Die Entscheidung, das eigene Land zu verlassen und an einem anderen Ort zu leben, ist nie einfach, und es gibt die unterschiedlichsten Gründe, warum Familien bereit sind, große Strapazen und Entbehrungen in Kauf zu nehmen und lange Reisen zu bewältigen, um in einem fremden Land zu leben.

Die Töchter und Söhne waren an diesen Entscheidungsprozessen in der Regel nicht beteiligt. Sie müssen die Trennung von ihrem alten Zuhause, möglicherweise auch dessen Zerstörung erleben und bewältigen. Sie erleben einen Kulturwechsel, sie finden sich wieder in einem Land mit einer anderen Sprache, anderen Gewohnheiten, anderem Essen. Sie sehen andere Traditionen und erleben einen anderen Umgang mit Religion und Glauben.

Je nachdem, wie sehr sich die „alte" und die „neue" Kultur voneinander unterscheiden, erbringen sie Höchstleistungen dabei, ihre Vergangenheit und ihr neues Leben miteinander zu vereinen. Manche Kinder finden sich außerdem in einer schwierigen Situation, wenn ihre Familien Traditionen des Herkunftslandes fortführen, die sie in Konflikt mit den Normen und Regeln der neuen Heimat bringen.

Das alles erfordert viel Kraft und die Fähigkeit, sich an einem fremden Ort in einer fremden Sprache zu orientieren. Es wird leicht unterschätzt, welch eine enorme Leistung diese Kinder hier erbringen müssen. Auch ihre Mütter und Väter unterschätzen es manchmal. Deshalb rege ich dazu an, sowohl auf der Seite der Erwachsenen als auch auf der Seite der Kinder vorhandene Kompetenzen stärker zu gewichten.

Ein Elternabend zum Thema Essgewohnheiten in den Herkunftsländern der Familien einer Klasse oder Kindergartengruppe kann dazu beitragen, sich gegenseitig in einem anderen Licht zu sehen. Feste bieten ebenfalls einen guten Anlass, kulturelle Besonderheiten sichtbar zu machen.

Hier können gezielt Foren geschaffen werden, in denen Eltern und/oder Kinder die Besonderheiten ihrer Kultur positiv erleben und stolz darauf sein können, verschiedene Lebenskonzepte zu kennen und sich darin zurechtzufinden.

Zum zwischenmenschlichen Austausch gehören soziale und kommunikative Kompetenzen.

Kommunikation und kommunikative Fähigkeiten sind Voraussetzung für ein Sich-verständlich-Machen. Dies muss nicht unbedingt in Form des gesprochenen Wortes stattfinden. Bildersprache, Pantomime, Singen, Gebärdensprache – sie alle sind Formen der Kommunikation und dienen dem Übermitteln von Botschaften. Alle Kommunikationsformen – ob verbal oder nonverbal - teilen das Glücksgefühl, das sich einstellt, wenn man verstanden wurde: ein unermesslicher Wert für die Entwicklung eines positiven Selbstkonzeptes.

Damit ist mehr als Selbstbewusstsein oder Selbstwahrnehmung gemeint. Der Begriff „Selbstkonzept" beinhaltet darüber hinaus die Einstellung eines Menschen zu den eigenen Kompetenzen und zum eigenen Sein in der Welt:

- Wie bin ich?
- Was fühle ich?
- Wie denke ich über mich?
- Wie denken andere über mich?
- Was kann ich?
- Was bewirke ich?
- Wer bin ich und wer sind die anderen?
- Woher komme ich?
- Wohin gehe ich?

Die Frage nach dem „Woher komme ich und wohin gehe ich?" hilft, die eigene Geschichte (beispielsweise die der Familie oder, wenn interkulturell gearbeitet wird, auch die der Kultur) zu beachten und Wünsche sowie Ideen für einen Lebenslauf zu entwickeln.

Im negativen Fall entwickelt das Kind das Gefühl, ohne Bedeutung zu sein, keinen Einfluss zu haben auf das, was mit ihm selbst oder in seinem sozialen Umfeld geschieht. Kinder, die häuslicher Gewalt oder Suchtmittelmissbrauch in der Familie oder sexuellen Übergriffen ausgesetzt sind, erleben sich und ihre Gefühle als bedeutungslos und entwickeln ein eingeschränktes Selbstkonzept. Sie erleben, dass es völlig egal ist, was sie denken, empfinden und ausdrücken. Sie glauben, dass sie ohnehin nicht gehört oder zumindest nicht ernst genommen werden.

Das Gefühl, als Person von Bedeutung zu sein und mit dem eigenen Handeln etwas bewirken zu können, in der Lage zu sein, den Lauf des eigenen Lebens lenken zu können, ist Teil eines positiven Selbstkonzeptes. Das wollen wir auf allen Lebens- und Erlebensebenen, die verfügbar sind, stärken.

Dazu ein kleiner persönlicher Exkurs: In meinen Grundschultagen gab es keinen mehrsprachigen Unterricht. Die Begegnung mit anderen Kulturen war in der Kleinstadt, in der ich aufwuchs, darauf beschränkt, dass einmal jährlich Truppenübungen stattfanden. Die „Tommies", also die Engländer, kampierten nicht weit von meinem Zuhause entfernt auf einem Acker.

Ich hatte einen entscheidenden Vorteil: Ich hatte Bärbel. Bärbel war zwei Klassen über mir, in der fünften, und lernte Englisch. Unsere Freundschaft währte ein paar Jahre. Die Spielnachmittage verbrachten wir im Sommer mit dem Bauen von Dämmen am Bach, bis unsere Füße vom kalten Wasser blau angelaufen waren. An diesen Nachmittagen gab Bärbel alles an mich weiter, was sie in der Schule an englischen Vokabeln gelernt hatte. Wir spielten mit Worten, egal ob beim Tischdecken oder beim Dämmebauen. Ich lernte nebenbei mit Spaß. So verfügte ich bei meiner ersten eigenen Englischstunde bereits über einen beträchtlichen Wortschatz. Und ich verfügte über die Erfahrung, damit Kontakte zu anderen Menschen herstellen zu können. Bärbel und ich besuchten die „Tommies“ in ihrem Kamp, gingen für sie Cola kaufen, und ich freute mich unsäglich über ihr Lob für meine Zwei-Wort-Sätze.

Warum ich diese Geschichte erzähle? Sie steht für einen Teilbereich meines Lebens, in dem ich als Kind ein positives Selbstkonzept entwickeln konnte. Ich hatte Erfolg beim Lernen einer fremden Sprache. Ich entdeckte, dass ich die Sprache nutzen konnte, um mit anderen zu kommunizieren, dass ich Lob und Anerkennung bekam.

Die Freude, sich anderen mitteilen zu können und verstanden zu werden, erlebe ich bei Kindern, die gerade erst beginnen zu sprechen, die in mehrsprachigen Familien aufwachsen, aber auch bei Kindern, die im Rahmen neuerer interkultureller Arbeit spielerisch andere Sprachen erlernen.

Sprechen und verstanden werden ist für Kinder eine großartige Erfahrung und leistet einen entscheidenden Beitrag zur Entwicklung eines positiven Selbstkonzeptes und damit zur Entwicklung einer positiven Identität.

Unwissen und Geheimhaltung bilden einen Nährboden für sexuelle Übergriffe, gefährden Kinder und schützen Täter. Kommunikation steht hier als „Zaubermittel“ gegen Unwissen und Geheimhaltung. Es erscheint mir nur als logische Konsequenz, andere Sprachen für unsere Ziele in die Präventionsarbeit einzubeziehen. Vielleicht können wir darüber auch mehr Kindern helfen, die aktuell sexuellen Missbrauch erfahren, aber unter großem Geheimhaltungsdruck stehen und sich nicht mitteilen können. Möglicherweise können wir darüber einen Effekt erzielen, den wir aus der therapeutischen Arbeit beim Puppenspiel kennen: Von Missbrauch betroffene Kinder können sich oft leichter einer Puppe als einem Menschen anvertrauen. Der Täter hat es ihnen häufig verboten, mit einem anderen Menschen über die Missbrauchssituation zu sprechen. Einer Puppe oder einem Plüschtier alles zu erzählen wurde nicht verboten und kommt als Möglichkeit in Frage, um Hilfe zu bitten. Von Erwachsenen wissen wir, dass sie sich in einer anderen Sprache manchmal freier fühlen als in der eigenen. Sie erleben das Sprechen der anderen Sprache als positive Möglichkeit, sich Luft zu machen, vor allem, wenn die Sprachwelt der Herkunftskultur mit verletzenden, traumatisierenden oder in anderer Hinsicht negativen Erfahrungen verbunden ist.

Eine ähnliche Wirkung könnte mit dem Material aus dieser Mappe in altersgemäßer Form eingeleitet werden.

Übersetzt wurde hier das Buch *Kein Küsschen auf Kommando* als meistgenutzte Vorlage für die Präventionsarbeit. Mit Hilfe der Kopiervorlagen können Sie für und mit Mädchen und Jungen Malbücher in beliebiger Größe anfertigen, die von den Kindern ausgemalt oder mit verschiedensten Materialien beklebt werden können. Mit Pop-up-Technik erweitern Sie das Ganze zum 3-D-Format. Lassen Sie Ihrer Fantasie freien Lauf zur Entwicklung von völlig individuellen Bilderbüchern.

Im didaktischen Teil finden Sie Vorschläge für sprachlich gemischte Aktivitäten mit Bezug auf die Bilderbücher *Kein Küsschen auf Kommando* und *Kein Anfassen auf Kommando*. Für Übersetzungen zusätzlicher Sprachversionen oder für die Übersetzung von *Kein Anfassen auf Kommando* finden Sie in dieser Mappe Kopiervorlagen ohne Text, die Sie unter Berücksichtigung der Urheberrechtshinweise für sich verwenden können.

Bei der Entwicklung der Spielideen dienten mir Materialien sowie praktische Erfahrungen bezüglich der interkulturellen Arbeit und/oder dem Erleben binationaler Familien als Anregung. Zugrunde lege ich immer das Ziel, ganzheitliches Lernen und Erleben zu fördern. Dies betrifft die Wahrnehmung des Selbst, der eigenen Gefühle und der Art, wie die Gefühle ihren Ausdruck in Körpersprache und in gesprochener Sprache finden.

Ich möchte Sie zum kreativen Umgang mit diesem Material anregen.

Marion Mebes

An Mütter, Väter und andere Erziehende

Liebe Mütter, Väter, liebe Erzieherinnen und Erzieher, Lehrerinnen und Lehrer und alle, die mit Mädchen und Jungen ihren Alltag teilen!

Sicher nehmen Sie dieses Arbeitsmaterial zur Hand, um „Ihren" Kindern Gutes mit auf den Weg zu geben. Sie wollen Fähigkeiten fördern, die es den Kindern leichter machen, sich selbst und ihrem Gefühl zu vertrauen und Entscheidungen zu treffen. Denn darin manifestiert sich präventives Denken und Handeln – es kann nicht früh genug in den alltäglichen Umgang mit Mädchen und Jungen eingehen.

Manchmal tauchen dabei Unsicherheiten auf, und Sie fragen sich vielleicht, wie Sie reagieren sollen. Gisela Braun hat in ihrem *Ratgeber für Mütter und Väter* einige Tipps zusammengestellt, die nicht kürzer und klarer gefasst werden können.

Deshalb möchte ich Ihnen diese kleine Orientierungshilfe mitgeben:

- *Genießen Sie mit Ihren Kindern liebevolle Zärtlichkeiten, aber achten Sie genau darauf, ob, wie und wann sie das möchten. Respektieren Sie auch kleinste Zeichen von Gegenwehr oder Unwillen.*
- *Unterstützen Sie Ihr Kind, auch bei anderen Menschen Berührungen, die es nicht mag, zurückzuweisen. Ergreifen Sie Partei für Ihre Tochter oder Ihren Sohn, auch wenn Sie sich damit den Unmut von Großeltern, Verwandten oder Bekannten einhandeln. Die Sicherheit Ihres Kindes hat Vorrang, und ein klärendes Gespräch mit den Verwandten kann Ihre Haltung verständlich machen. Es ist schwer für Kinder, sich gegen Erwachsene durchzusetzen, sie brauchen dabei unsere Unterstützung.*
- *Beteiligen Sie Ihre Kinder an Entscheidungen der Familie, besonders wenn es die Kinder selbst angeht. Nehmen Sie ihre Meinung ernst, akzeptieren Sie auch mal ein "Nein" oder ein "Ich will nicht".*
- *Nutzen Sie eine ruhige Stunde, um mit dem Mädchen oder Jungen über ihre/seine Erlebnisse, Gefühle, Sorgen oder Freuden zu sprechen.*
- *Ermutigen Sie sie/ihn, mit anderen Vertrauenspersonen zu reden, wenn sie/er Ihnen bestimmte Dinge nicht erzählen will. Hören Sie genau hin, was das Kind Ihnen erzählt, fragen Sie bei Unklarheiten nach.*
- *Lassen Sie dem Mädchen oder Jungen ihre/seine Wahrnehmung und Einschätzung von Situationen und Gefühlen. Bestärken Sie das Kind, sich nicht einreden zu lassen, was ihr/ihm widerstrebt.*
- *Oft ist es schwierig für Erwachsene, mit Kindern offen über Sexualität zu sprechen, aber Mädchen und Jungen brauchen eine Sprache für sexuelle Vorgänge und Körperteile. Vielleicht fällt Ihnen der Einstieg in das Thema leichter, wenn Sie gemeinsam mit dem Kind ein Bilderbuch anschauen und daraus vorlesen.*
- *Erzählen Sie dem Kind, dass es gute und schlechte Geheimnisse gibt: Gute Geheimnisse machen Freude und sind spannend, z.B. wenn man nicht weiß, welches Geschenk es zu Weihnachten gibt. Schlechte Geheimnisse dagegen machen Kummer und bedrücken. Bestärken Sie das Mädchen oder den Jungen, solche Geheimnisse zu erzählen, auch wenn es ein Erwachsener verboten hat.*
- *Ermutigen Sie Ihre Tochter oder Ihren Sohn, die eigenen Gefühle auszudrücken, egal ob dies nun angeblich zu einem Mädchen oder Jungen passt oder nicht.*
- *Freuen Sie sich, wenn Ihre Tochter selbstbewusst und eigenwillig ist, auch wenn Ihr Nachbar sagt, sie sei kein richtiges Mädchen, sondern ein Wildfang. Fördern Sie diese Eigenschaften.*
- *Lassen Sie Ihren Sohn auch Gefühle wie Angst, Schwäche und Hilflosigkeit ausleben und darüber sprechen.*

Natürlich kennen wir die Befürchtungen, die mit solchen Grundsätzen einhergehen. Mädchen und Jungen zur Unabhängigkeit zu erziehen kann bedeuten, bei der Verwandtschaft oder den Nachbarn auf Unverständnis und Ablehnung zu stoßen. Und wer möchte nicht gern in Harmonie mit seiner Umwelt leben.

Auch in beruflichen Erziehungszusammenhängen scheinen „angepasste Kinder" wünschenswert. In einigen Herkunftsfamilien hat Gehorsam für Kinder zudem einen kulturell bedingten hohen Stellenwert. Kinder, die daran gewöhnt sind zu gehorchen, die glauben, keinen Einfluss nehmen zu können, lassen sich im Alltag leichter kontrollieren.

Doch für angepasste, folgsame Mädchen und Jungen steigt die Wahrscheinlichkeit, von anderen benutzt und ausgenutzt zu werden. Aufbegehrende Kinder sind zwar anstrengend. Aber vielleicht hilft es Ihnen, daran zu denken, dass Ihr „unbequemes Kind" bessere Chancen im Umgang mit Gefährdungen im Alltag hat.

koPPischoPP

Pädagogisch-therapeutische Praxis

Marion Mebes

Kein Küsschen & Kein Anfassen auf Kommando

Didaktisches Material

ISBN 3-927796-68-9

9 783927 796683 >

mebes & noack

mebes & noack

©2004 verlag mebes & noack
in der WISSEN+HANDELN vertriebs gmbh
Postfach 13 01 21
D-50495 Köln
www.mebesundnoack.de
www.donnavita.de

ISBN 3-927796-68-9

Lektorat: Barbara Weiner, Karlsruhe
Illustration: Lydia Sandrock
Satz und Gestaltung: Michaela Fehlker, wogo.de/sign, Overath
Herstellung der Mappe: Vogtland Kartonagen, Reichenbach
Druck: Verlagsservice Niederland, Königstein

Danksagungen
Wir bedanken uns für die Übertragung in die türkische Sprache bei *Strohhalm Berlin e.V.* und Yücel Kossatz, *Zartbitter Köln*. Beide Organisationen arbeiten mit türkischen Mädchen und Jungen, Müttern, Vätern und MultiplikatorInnen und standen uns beratend zur Seite.
Unser Dank geht an Editora Maite Canal, die im Rahmen einer Kampagne in Spanien die Übersetzung von *Kein Küsschen auf Kommando* in verschiedene Dialekte realisierte. Begoña Sanchez und Monika Flamm haben den Text ins Spanische übertragen.

Übersetzungen
Jennifer Taylor-Gaida, Köln: Englisch
Nouredine Tahiri und Katrin Volck, Köln: Französisch
Carola Pagani, Neapel, und Katrin Volck, Köln: Italienisch

Teil 1

Kopiervorlagen

Kein Küsschen auf Kommando
&
Kein Anfassen auf Kommando

Kein
Küsschen
auf
Kommando

Es gibt
Guten-Morgen-Küsse

Es
gibt
soooo
viele
Küsse!

© verlag mebes & noack • www.mebesundnoack.de

Es gibt Heile-Küsse,
wenn du dir
wehgetan hast.

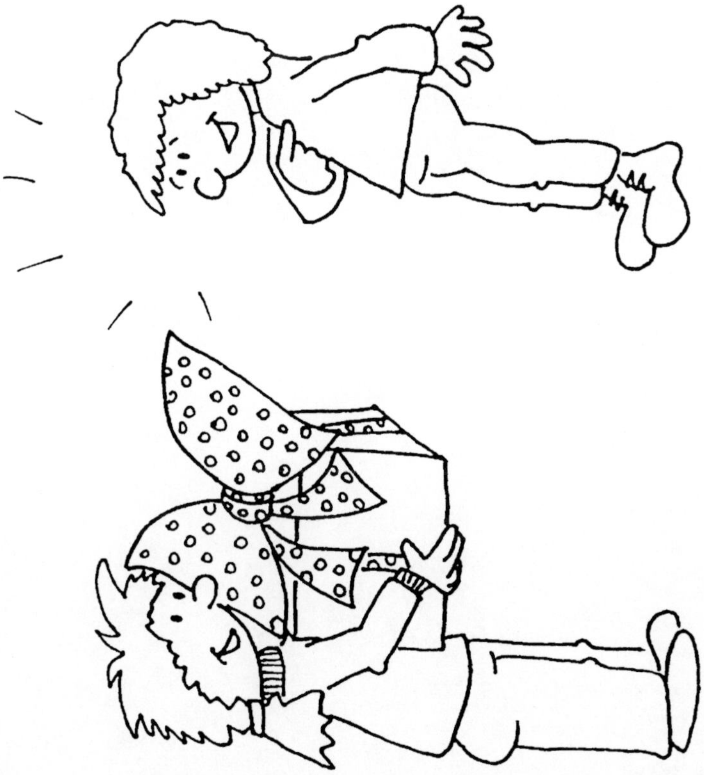

oder einen Kuss aus
lauter Freude
über ein Geschenk.

Es gibt
Einfach-so-Küsse,
weil dich
jemand lieb hat.

© verlag mebes & noack · www.mebesundnoack.de

Es gibt auch Küsse
ohne Berührungen.
Zum Beispiel Papier-Küsse
in einem Brief.

Oder
Puste-Küsse
durch die Luft.

Nicht alle Menschen
küssen mit dem Mund.
Inuit
küssen mit den Nasen.

Meistens sind
Küsse schön
und machen tolle
Gefühle.
Es gibt auch Küsse
mit komischen Gefühlen.
Manchmal
sind sie sogar
ekelig.

Hast du schon mal
einen Knall-Kuss
aufs Ohr bekommen,
sodass du nichts mehr
hören konntest?

Oder kennst du das Gefühl
von kalten, nassen
Hundenasen-Schlabber-Küssen
?

Küsse
sind wunderschön, wenn
du sie brauchst und
wenn sie gute, warme
Gefühle machen.
Du darfst darüber
bestimmen.
Vielleicht möchte dich
jemand küssen,
den du nicht magst.

Dann darfst du
NEIN!
sagen.

Vielleicht möchte auch
jemand einen Kuss von
dir, den du magst.
Du willst aber gerade nicht.
Auch dann darfst du
NEIN sagen.

Es kan n sein,
dass andere
das nicht verstehen
und auch nicht gut finden.
Aber es ist dein
Recht
zu bestimmen,
wann du küsst
und
wen du küsst.

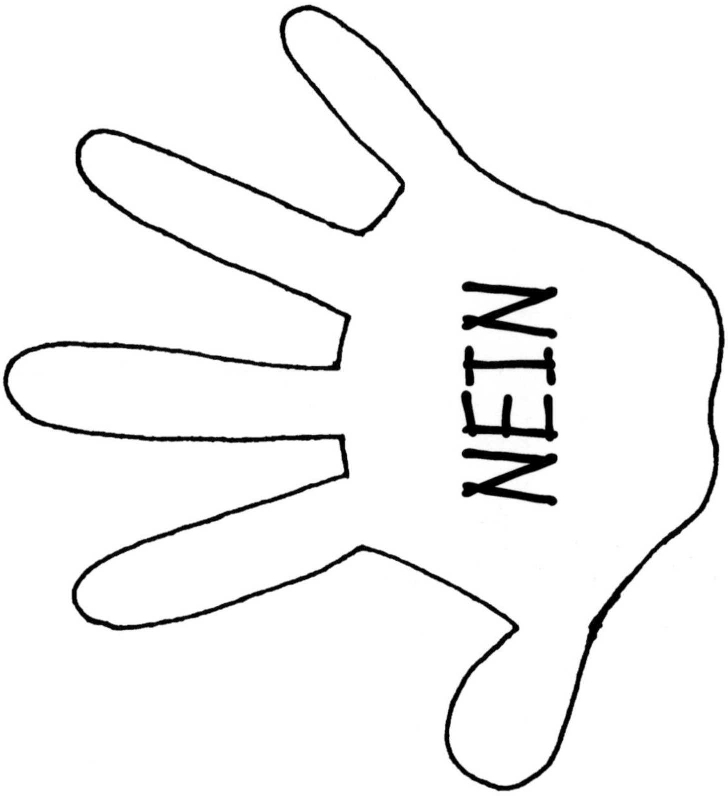

Es ist
DEIN RECHT
zu bestimmen.
Du
darfst
NEIN
sagen.

Probier es aus.
Wenn es nicht klappt,
sag es weiter,
bis dir jemand hilft.
Du kannst es einer Freundin
oder einem Freund erzählen.
Vielleicht hilft dir
auch die Person,
die dir dieses Buch gegeben hat
oder es gerade mit dir liest.

Kein Küsschen auf Kommando!

No
kisses
on
command

There
are
sooo
many
kisses!

There are
Good Morning kisses

or kisses when you're happy to
get a present.

There are All Better kisses when
you hurt yourself.

There are
Just Because kisses
when
somebody
likes you.

There are even kisses
without touching.
Like paper kisses in a letter.

Or kisses you blow
through the air.

Not all people kiss
with their mouths.
Eskimos kiss
with their noses.

Most kisses
are nice
and make you feel good.
But some kisses
might make
you feel funny.
And some
are even yucky.

Did anyone ever give you a loud
smack right on the ear, so you
couldn't hear anything anymore?

Or do you know
the feeling of a cold, wet,
slobbery dog kiss?

Kisses are wonderful
when you need them
and when they make you
feel all warm and
happy inside.

But it's up to you.
Maybe someone
you don't even like
wants to kiss you.

Then you can just say **NO**.

Maybe someone you do like
wants a kiss from you.
But you don't feel like it
at the moment.
Then it is okay to say **NO**, too.

It might be that
other people
don't understand or
don't think that's very nice
of you.

But it is your RIGHT
to decide when to kiss
and whom to kiss.

It is
YOUR RIGHT
to decide.
It is always okay
to say **NO**.

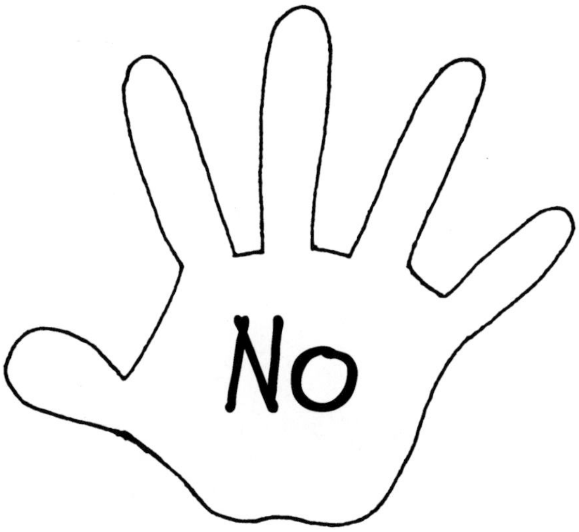

Try it.
And if it doesn't work,
keep saying it
until someone helps you.
You can tell a friend
about it.
Maybe the person
who has given you this book
can help you,
or the person who is reading it
with you right now.

No kisses on command!

Pas de
bisou
sur
commande

Il y a
tant de
différentes
formes
de bisous.

Des bisous pour
se dire bonjour.

Ou pour exprimer sa joie
en recevant un cadeau.

Des bisous qui consolent,
quand tu t'es fait mal.

Et puis parfois
juste comme ça,
un bisou
parce que quelqu'un
t'aime bien.

Pour un bisou, on n'a pas toujours
besoin de se toucher:
on peut envoyer des bisous dans
une lettre.

Ou embrasser sa main
et souffler dessus.

Pas tout le monde
embrasse avec la bouche.
Les esquimaux s'embrassent en se
frottant nez contre nez.

En général, un baiser,
c'est quelque chose de beau
et d'agréable.

Mais il y a des bisous
qui sont désagréables.

Et parfois, ils sont même
dégoûtants.

Connais tu le sentiment d'un bisou
sur l'oreille qui résonne comme une
détonation à tel point que tu ne
pouvais plus rien entendre ?

Ou le sentiment d'être léché
par la gueule froide et humide
d'un chien ?

Des bisous, c'est extrêmement chouette, quand tu en as besoin et quand ils provoquent des sentiments tendres et chaleureux.

Tu as le droit d'en décider.

C'est possible que quelqu'un que tu n'aimes pas veuille t'embrasser.

Dans ce cas-là tu peux dire **non!**

C'est possible, aussi, qu'une personne que tu aimes bien veuille te faire une bise. Mais juste à ce moment-là tu n'en as pas envie. Alors, tu peux, aussi, dire **non!**

Ça se peut que d'autres ne comprennent pas ce comportement et qu'ils ne le trouvent pas bien.

Toutefois, c'est ton **droit** de déterminer quand et à qui tu donnes des baisers.

Le droit
de décider,
c'est à toi.
Tu peux dire :
non!

Essaie-ça!
Et si ça ne marche pas,
confie toi à quelqu'un, jusqu'à ce
qu'on t'aide.
Tu peux le raconter à une
ou à un ami.
Peut-être la personne qui t'as
offert ce livre ou qui est en train
de te le lire peut t'aider aussi.

Pas de bisou sur commande!

No ai
baci
su
comando

Ci
sono
un sacco
di baci
diversi!

Ci sono i baci del buongiorno.

Oppure un bacio per esprimere la gioia di un regalo.

C'è il bacio di consolazione per quando ti fai male.

Ci sono dei baci „così“
semplicemente perché
qualcuno ti vuole bene.

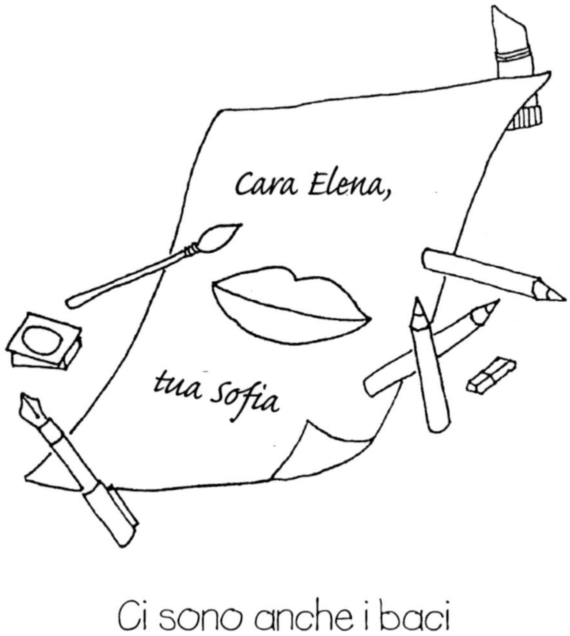

Ci sono anche i baci
senza toccarsi. Per esempio
i baci di carta in una lettera.

Oppure dei baci
soffiati per aria.

Non tutti gli uomini si baciano con la bocca. Gli eskimesi si baciano con il naso.

Di solito i baci sono belli
e fanno piacere.
Però ci sono anche
dei baci strani.
E a volte possono anche
essere schifosi.

Hai già ricevuto un bacio con lo schiocco in un orecchio tanto da non poterci più
sentire?

O hai presente il bacio freddo e bavoso di un cane?

I baci sono bellissimi
quando ne hai voglia e
quando ti fanno piacere.
Tu puoi decidere.
Forse qualcuno che non ti piace
vuole baciarti.

Allora tu puoi dire di **no**.

Forse vuole un bacio da te
qualcuno che ti piace.
Ma tu in quel momento non vuoi.
Anche in questo caso
puoi dire di **no**.

Può darsi che gli altri
non siano d'accordo con te
e che non lo trovino giusto.
Però è **tuo diritto** decidere
quando e chi baciare.

Decidere è
tuo diritto.

Tu puoi
dire di **no.**

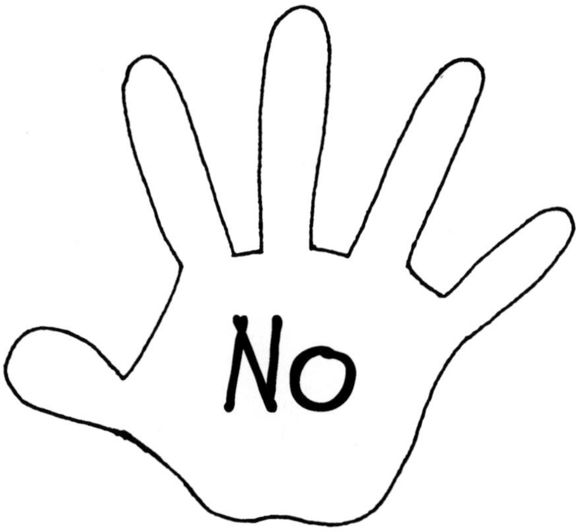

Provaci e se non funziona,
dillo a qualcuno fino a quando
non ti ascoltano.
Puoi parlarne a una amica
o un amico.
Forse anche la persona che ti ha
dato questo libro ti può aiutare
o quella che lo legge con te.

No ai baci su comando!

Ni un
besito
a la
fuerza

¡Hay
taaantos
besos!

Hay besos
de buenas noches,

o besos de
simple alegría
por un regalo.

Hay besos
para sanarte
si te haces daño.

Hay besos
porque sí,
porque alguien te
tiene cariño.

También se dan
besos sin tocar:
por ejemplo, besos de
papel en una carta.

o besos
que se soplan
y se mandan
por el aire.

No todo el mundo
besa con la boca:
la gente esquimal
besa con la nariz.

Los besos son casi
siempre agradables
y dan sensaciones
estupendas.

También hay besos
que dan sensaciones
raras,
a veces incluso asco.

¿ Te han dado alguna
vez un beso tan fuerte
en una oreja, que
luego no oías nada ?

O... ¿ conoces la sensación
de los lametazos y besos
de un perro con la nariz
mojada y fría ?

Los besos
son maravillosos
cuando te apetecen
y dan sensaciones
agradables.

Tú puedes escoger.

Quizá
quiera besarte alguien
que no te cae bien;

entonces
puedes decir
NO.

O tal vez quiera que le des
un beso alguien que te cae bien.
Pero si no te apetece en
ese momento, también
puedes decir **NO**.

Puede ser que la otra
persona no lo entienda
o que le parezca mal.

Pero
TÚ,
puedes decidir
cuándo besas
y
a quién
besas.

Tú
TIENES DERECHO
a decidir.

PUEDES
decir
NO.

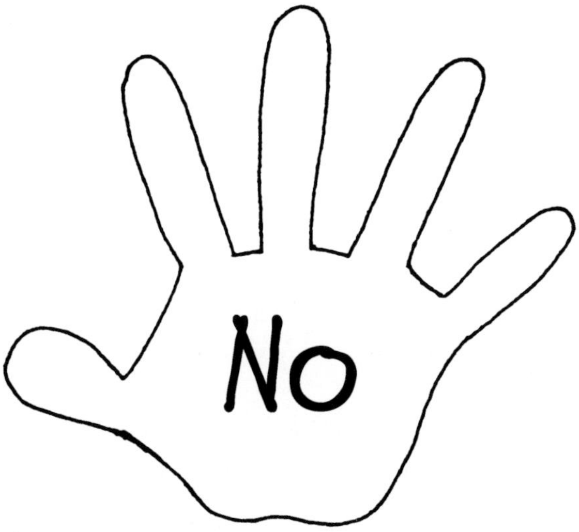

Haz la prueba.

Y si no funciona
cuéntalo a otra gente,
hasta que alguien te ayude.

Puedes decírselo a una amiga
o a un amigo.

Tal vez
también te ayude la persona
que te ha dado este libro,
o la que ahora está leyendo
contigo.

¡ Ni un besito
a la fuerza !

ZORLA
ÖPÜCÜK
OLMAZ

Öyle
çoook
öpücük
var kı.

Günaydın öpücükleri.

Bir Hediye aldığımızda
sevindiğimiz için verdiğimiz
öpücükler.

Bir yerimizi acıttığımız zaman
verilen UF_Öpücüğü.

Ya da sevildiğin İçin
öylesine verilen
Öpücükler vardır.

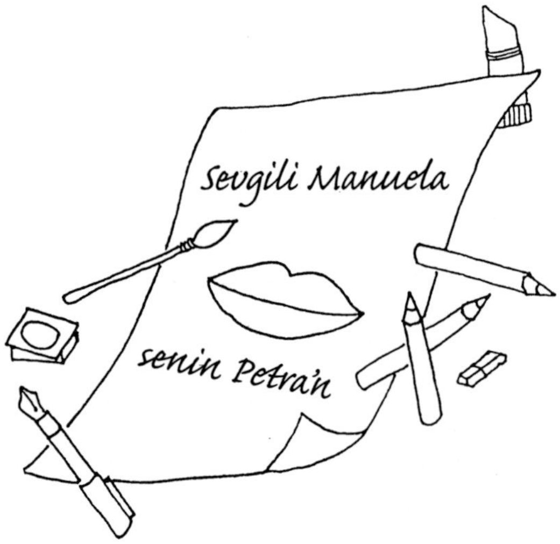

Dokunmadan alınan ya da
gönderilen Öpücükler de vardır,
örneğin kağıda çizilip mektupla
gönderilen Öpücükler.

Ya da elimizi öperek,
uzaktan ve üfleyerek gönderilen
Öpücükler.

Bazı insanlar dudakları ile öpmez. Eskimolar burunlarını birbirine dokundurarak öperler.

Öpücükler çoğunlukla güzeldirler ve güzel duygular yaratırlar.

Ama içimizde garip duygular yaratan öpücükler de vardır.

Ayrıca bazı opücükler iğrençtir.

Şimdiye kadar kulağından, kulağının zarını patlatırcasına, hani sonradan insanın sağır olduğunu zannedeceği kadar şiddetli bir biçimde öpüldün mü?

Insanın soğuk, ıslak, şapur-şupur, köpek yalıyormuş gibi öpüldüğünde neler hissettigini biliyor musun?

Aslında öpücükler,
sen istiyorsan,
sende sıcac ve güzel duygular
yaratıyorsalar, harikadırlar.

Ama hangi öpücüğün sende
hangi duyguyu yarattığını
belirlemek sadece senin
hakkındır.

Bazan, senin hiç hoşlanmadığın
birisi seni öpmek isteyebilir.

Böyle durumlarda **HAYIR**
diyebilirsin.

Bazan da sevdiğin birisi senden
bir öpücük isteyebilir. Eğer o anda
bu kişiyi öpmek istemiyorsan,
ona da **HAYIR** diyebilirsin.

Başkaları neden böyle
yaptığını anlamayabilirler,
ya da böyle yapmanı güzel
bulmayabilirler.

Ama kimi ve ne zaman
öpeceğine karar verme **HAKKI**
sana aittir.

KARAR HAKKI
yalnızca senindir.

HAYIR demeye
hakkın vardır.

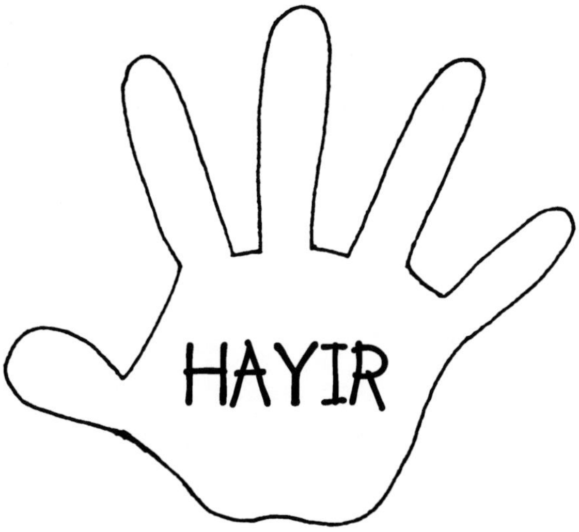

Hayır demeyi bir dene.

Eğer istediğin sonucu alamazsan, sana yardım edecek biri çıkıncaya kadar yardım istemeye devam et.

Bunu bir kız ya da erkek arkadaşına anlatabilirsin.

Belki bu kitabı sana hediye eden ya da şu anda seninle bu kitabı okuyan kişi sana yardım edebilir.

ZORLA öpücük Olmaz

Kein Anfassen auf Kommando

Manchmal ist Kitzeln
toll wie Witzeln,

ist jedoch der Witz vorbei,
dann
lass mich frei.

Wenn ich allein und traurig bin,
geh ich zu meiner Freundin hin.
Die streicht mir übers Haar –
dann wird mir besser,
ist doch klar

Wenn man mich tätschelt
wie einen Hund,
dann wird es mir doch gleich
zu bunt!

Ich will auf den Arm,
da ist es warm.

Wenn ich runter will vom Schoß,
dann lass mich los!

Fühlt sich das Streicheln komisch an,
dann lass ich keinen an mich ran.

Streicheln übern Rücken
oder auch mal Drücken,
Streicheln übern Bauch
mag ich manchmal auch.

Ob Kneifen, Boxen, Ringen –
ich lass mich zu nichts zwingen.

Wir ringen so zum Quatsch
und fliegen in den Matsch.

Ich sag: **„Stopp!“**,
kommt jemand mir zu nah.
„Geh bloß weg! Ich will nicht!“ –
Ist doch klar.

Mit anderen Leuten Witze machen
und über doofe Filme lachen,
das hab ich gerne –
manchmal lieber aus der Ferne.

© verlag mebes & noack · www.mebesundnoack.de

Berührungen – schön und komisch –
passieren Tag für Tag
mit Großen und mit Kleinen,
mit Menschen, die ich mag.

Wenn ich das manchmal
nicht alleine kann,
frag ich einen Freund,
der hilft mir dann.

Anfassen kann
auch eklig sein.
Wenn das so ist,
dann sag ich:
NEIN!

© verlag mebes & noack · www.mebesundnoack.de

Es kann auch eine Freundin sein,
und wir zusammen sagen **NEIN**
zu allem, was uns komisch ist,
denn wir durchschauen jede List.

Von wegen
„lieb und artig sein“ –
wenn ich nicht will,
dann sag ich **NEIN!**

Teil 2

Lernen, Spielen und Gestalten

Didaktischer Teil

Spielen und Gestalten

Galerie der Papierküsse

Mädchen und Jungen experimentieren mit Lippenstiften und Papierküssen auf verschiedenen Papiersorten und Papierfarben. Die entstehenden Papierküsse können wie in einer Galerie aufgehängt werden. Die Papierküsse können auch verschenkt, in ein Album eingeklebt oder versteckt werden. Lassen Sie der Fantasie freien Lauf. Ihnen und den Kindern wird bestimmt etwas einfallen.

Papierkusskiste

Basteln Sie mit den Kindern eine schöne Kiste, in der sich Küsse so richtig wohl fühlen können. Alle Mädchen und Jungen, die Küsse zu verschenken haben, legen Papierküsse hinein. Wann immer ein Kind einen Kuss braucht, darf es sich einen herausnehmen. Achten Sie darauf, dass die Kiste immer gefüllt bleibt. Sie können eine solche Kiste auch zu Hause oder in einer Wohngruppe aufstellen. Alle aus der Familie können Papierküsse hineinlegen und herausnehmen.

Nasenküsse

... sind eine besondere Form von Küssen, wie sie bei den Inuit üblich sind. (Inuit ist der eigentliche Name der Eskimos. Die Bezeichnung „Eskimos" entstand in Unkenntnis der Kultur der Inuit und bedeutet „Rohfleischesser".) Erfinden Sie mit den Mädchen und Jungen neue Küsse, die Spaß machen und angenehm sind:

- Fußküsse (statt Nase-an-Nase eben Fuß-an-Fuß)
- Daumenküsse
- Poküsse
- Schulterküsse
- und viele mehr

Die Kinder können sich untereinander fragen: „Möchtest du einen ... (Schulter-, Nasen-, Zeigefingerkuss...) von mir haben?" Das gefragte Kind kann sich dafür oder dagegen entscheiden oder sich sogar einen anderen Kuss wünschen als den angebotenen: „Ja, ich möchte gerne einen Kuss. Ich hätte aber lieber einen Luftkuss. Kannst du mir einen Luftkuss geben?" Und selbstverständlich kann das erste Kind ebenfalls neu entscheiden, ob es diesen Kuss geben möchte – oder nicht. So wird die Fantasie und vor allem der achtsame Umgang miteinander gefördert.

Luftküsse fliegen um die Welt

Dieses Spiel kann als Ritual zur Gestaltung einer beliebigen Tageszeit dienen. Es kann zum Beispiel regelmäßig vor den Mahlzeiten oder beim Zubettgehen gespielt werden. Thema ist dabei die Frage: „Wem möchtest du heute einen Luftkuss senden?" Als Anregung: Emus in Australien mögen Küsse, die Mondfee, die Indianer in Kanada, die Nachbarin, die Tante im Urlaub, jemand aus der Lieblingsserie im Fernsehen. Kinder sollen wissen, dass sie ihre Küsse nach eigenen Wünschen verteilen können. Wenn ein Kind an diesem Tag keinen Kuss verschenken möchte, wird das akzeptiert. Es stärkt die Entscheidungsfähigkeit und das Gefühl für das Selbstbestimmungsrecht. Dieses Ritual könnte auch helfen, an ein Tier zu erinnern, das nicht mehr lebt. Manchen Kindern hilft es über ihre Trauer hinweg, wenn sie einer geliebten Person Küsse schicken, die an einen anderen Ort gezogen oder gestorben ist: der Oma, einem Kind aus der Nachbarschaft oder einer Erzieherin.

Heileküsse

Wenn ein Kind einer Gruppe oder Klasse krank ist, können Papierküsse als „Heileküsse" verschickt werden. Gerade bei längeren Krankheiten hilft das, die Verbindung zu dem fehlenden Kind aufrechtzuerhalten und umgekehrt dem kranken Kind mitzuteilen, dass es vom Rest der Gruppe mit bedacht wird. Die Spielanregungen *Luftküsse fliegen um die Welt* und *Heileküsse* helfen außerdem, über den „eigenen Tellerrand" hinauszuschauen, Anteilnahme und Fürsorge zu üben.

Individuelle Malbücher / Bilderbücher

Mit Hilfe der Kopiervorlagen können Sie für und mit Mädchen und Jungen Malbücher in beliebiger Größe anfertigen, die von den Kindern ausgemalt oder mit verschiedensten Materialien beklebt werden können. Mit Pop-up-Technik erweitern Sie das Ganze zum 3-D-Format. Lassen Sie Ihrer Fantasie freien Lauf zur Entwicklung von völlig individuellen Bilderbüchern.

Arbeitsbogen 1

Welche Gefühle gibt es hier?

Mit den Bildern sollen Mädchen und Jungen angeregt werden, Gefühle einzuschätzen und zu benennen. Darüber hinaus werden sie ermutigt, eine Entscheidung zu treffen. Die Kinder betrachten die Bilder und entscheiden selbst, ob sie benennen möchten, wie sich die eine oder andere der dargestellten Personen fühlt. Sie können auch das Gefühl benennen, das die dargestellte Situation bei ihnen auslöst. Dabei helfen ihnen die Symbole Sonne / Sonne mit Wolke / Wolkengewitter. Sie stehen für die Gefühle gut / „komisch" / schlecht. Die Kinder kreuzen die vorgegebenen Symbole an oder erfinden eigene Symbole, die ihr Gefühl ausdrücken.

Arbeitsbogen 2

Hier fehlt etwas

Vorlage für jedes Kind kopieren. Die Aufgabe ist, fünf Unterschiede zu finden. Dieses Muster können Sie auf verschiedene Bilder anwenden. Erstellen Sie zwei Kopien desselben Bildes. Nehmen Sie an einer Kopie fünf Veränderungen vor und verfahren Sie wie oben. Mädchen und Jungen beschäftigen sich auf diese Weise intensiver mit dem Bildmaterial und vertiefen das damit verbundene Wissen.

Arbeitsbogen 3

Puzzle

Kopieren Sie die Vorlage (vergrößern nach Belieben) und kleben Sie sie auf festen Karton. Nach Wunsch können Sie sie vor dem Aufkleben kolorieren. Schneiden Sie die Puzzleteile entlang den gestrichelten Linien zu. Mit anderen Bildern aus dem Repertoire der Kopiervorlagen können Sie nach gleichem Muster verfahren. Wählen Sie zur Unterscheidung der Motive verschiedene Kartonfarben. Je nach Alter und motorischen Fertigkeiten der Kinder können Sie die Puzzleteile einfach oder kompliziert gestalten.

Auch hier wird über die Beschäftigung mit dem Bildmaterial die angebotene Information vertieft. Daneben werden die Wahrnehmung von Bildern, die Kombination von Teilen und das Zusammenfügen zu einem Ganzen gefördert. (Puzzlespiele gehören zu den Grundausrüstungen von Spieltherapiezimmern.)

Arbeitsbogen 1

Arbeitsbogen 2

Was fehlt hier? Finde 5 Unterschiede!

Arbeitsbogen 3

Kommunikations- und Sprachspiele

Im Folgenden stelle ich Ihnen die Arbeit mit verschiedenen Wortschatzkisten vor, die ich zu mehreren Themenbereichen in verschiedenen Sprachen zusammengestellt habe. Zu diesen Themenbereichen gehören zum Beispiel „Körper" und „Gefühle".

Werden diese Materialien in Kindergarten und Grundschule eingesetzt, empfehlen wir eine enge Zusammenarbeit mit den Eltern.

Planen Sie einen oder mehrere Elternabende, beispielsweise zu den Themen „Geheimnisse", „Grenzen setzen" oder „Gefühle". Diese Themen stehen in einem engen Zusammenhang zur Prävention von sexuellem Missbrauch.

Sie können auch einladen unter dem Motto „Feste bei uns und bei euch" oder „Verständigung – ein Kinderspiel". Dann läge der Ausgangspunkt eher im Bereich andere Länder und Kulturen. Formulieren Sie Ihr Thema so, dass es die größtmöglichen Chancen hat, angenommen zu werden, und stellen Sie Verbindungen zum pädagogischen Alltag, zum Thema Respekt gegenüber anderen Menschen und Kulturen her. Zeigen Sie, wie im Zusammenleben mit Kindern diese Themen spielerisch einfließen können, und besprechen Sie, welche wichtige Rolle die Eltern für die Persönlichkeitsbildung ihrer Kinder einnehmen. Die Herausbildung einer starken Persönlichkeit macht Kinder weniger anfällig für Übergriffe und ist Teil der Prävention von sexuellem Missbrauch.

Beschreiben Sie die Materialien, die Sie in Ihrer Arbeit mit der Klasse oder Gruppe verwenden wollen, und wählen Sie einige aus, die Sie zusammen mit Müttern und Vätern genauer ansehen und ausprobieren. Die Spiele mit den Wortschatzkisten können auch Erwachsenen Spaß machen. Je mehr Sprachen zusammenkommen, desto interessanter wird das Spiel. Gibt es in Ihrer Gruppe Kinder, deren Sprache bisher nicht in den Wortschatzkisten berücksichtigt ist, können Sie mit den Eltern gemeinsam zusätzliche Kärtchen mit den fehlenden Begriffen herstellen.

Als Schritt der Kommunikationsförderung zwischen den Eltern untereinander können Sie irgendeinen Begriff aus einer Wortschatzkiste nennen oder aufschreiben und die Mütter/Väter raten lassen, was er bedeutet. Schon allein der Versuch, solch einen Begriff nachzusprechen, kann vor allem bei den weniger geläufigen Sprachen zu großer Heiterkeit führen. Manche Ausdrücke mögen in den Ohren vieler völlig fremd klingen, andere dagegen werden wegen ihrer lautmalerischen Qualitäten als passend empfunden. In solchen Runden gibt es viel Gesprächsstoff. Weitere interessante Aspekte kommen hinzu, wenn jemand Kenntnisse in der Gebärdensprache beisteuern kann. Die Ausdrucksfähigkeit und Plastizität der Gebärden ist mehr als verblüffend. (Eine solche, den Horizont erweiternde Spielform könnte auch mit den Kindern durchgeführt werden. Überlegen Sie, eine Gebärdensprachenschule in Ihrer Umgebung zu besuchen. Vielleicht gibt es auch eine Blindenschule, die Sie für Ihr Projekt gewinnen können. Dort könnten Ihre Kinder „Fühlschrift" (Blindenschrift) als weitere Kommunikationsform kennen lernen.

Mit solchen Elternabenden fördern Sie die Kommunikation der Eltern untereinander und binden sie gleichzeitig in Ihre Arbeit mit den Kindern ein.

Die Kopiervorlagen für die Wortschatzkisten sind in den Sprachen Deutsch, Englisch, Französisch, Italienisch und Türkisch verfasst. Für weitere Sprachen, die die Mädchen und Jungen in Ihrer Gruppe sprechen, benutzen Sie bitte Blankokarten.

Das Material ist so konzipiert, dass auch Mütter und Väter einen leichten Zugang finden. Es sind keinerlei Vorkenntnisse nötig. Die Eltern können selbst bestimmen, wie intensiv sie sich mit den Themen „Geheimnisse", „Gefühle" und „Grenzen setzen", mit sexuellem Missbrauch beschäftigen wollen. Eine Intensivierung ist an jedem Punkt möglich, aber nicht erforderlich. Regen Sie die Eltern an, die Sprachspiele zu Hause mit den Kindern fortzusetzen. Ergänzend zu empfehlen ist die Arbeit mit dem *Gefühle-Quartett (Enders/Wolters, Köln 2003)*. Die Beschäftigung mit diesen einfachen Bildkarten kann ebenfalls für die Erweiterung des Wortschatzes sorgen und die Fähigkeit fördern, Gefühle auszudrücken. Kombinieren Sie das Spiel mit dem Gefühle-Quartett mit den Wortkarten der Wortschatzkisten II „Körper" und III „Gefühle".

Das Buch *Ein Dino zeigt Gefühle* von Christa Manske und Heike Löffel stellt eine Palette von zwölf verschiedenen Gefühlen vor. Damit werden ebenfalls die verbalen und nonverbalen Fähigkeiten zum Ausdruck von Gefühlen und Empfindungen vertieft und die Kommunikationsfähigkeit gestärkt. In dem Buch finden Sie u.a. eine Bastelvorlage für eine „Gefühleuhr", mit der Mädchen und Jungen symbolisch und auch ohne gesprochene Sprache Gefühle ausdrücken können.

Neben diesem Basismaterial sind weitergehende Bausteine z.B. zu altersangemessener Sexualaufklärung in den Materialien von Christa Wanzeck-Sielert enthalten (Kursbuch Sexualerziehung), in der koPPischoPP-Mappe *Ich bin doch keine Zuckermaus* und in einer Reihe von Bilder- und Aufklärungsbüchern. (Buchtipps im Anhang.)

Die folgenden Vorlagen beschränken sich auf Grundaussagen. Weitere Aussagen können Sie je nach Altergruppe ergänzen.

Wortschatzkisten

Vorlagen nach Belieben vergrößern. 1:1-Kopien für Sprach-/ Schreibübungen verwenden. Die Blankokarten sind zur freien Verfügung gedacht und dienen zur Erstellung von Bildkarten passend zu den genannten Begriffen und Aussagen oder zur Ergänzung der Begriffe in weiteren Sprachen.

Wortschatzkiste I

Basis

Spielvariante 1

Die Basisbegriffe werden mit den Bildvorlagen aus einem oder beiden Bilderbüchern kombiniert. Am besten benutzen Sie dazu die Kopiervorlagen ohne Text (ab Seite 82).

Spielvariante 2

Spielerisches Erkennen: Lesen Sie Wörter der verschiedenen Sprachen vor und lassen Sie die Kinder raten, um welche Sprache und um welches Wort es sich handelt.

Spielvariante 3

Erstellen Sie aus den Kopiervorlagen zwei Kartensätze. Kopieren Sie sie entweder direkt auf Karton oder ziehen Sie sie auf Pappe.

Für lesefähige Kinder: Karten verdeckt für ein Memory-Spiel auslegen. Jeweils zwei zusammengehörende Karten (in zwei verschiedenen Sprachen oder in Bild und einer Sprache) ergeben ein Paar. Gespielt wird wie beim üblichen Memory. Vorbereitung für Kinder, die nicht lesen können: Freie Fläche mit passendem Symbol ausfüllen, beispielsweise mit einer Sonne oder mit Smileys mit unterschiedlicher Mimik.

Spielvariante 4

Zur Erweiterung von Wortschatz und Sprachfähigkeiten ergänzen Sie weitere Wortbildreihen: entweder zusammen mit den Kindern oder, wie zuvor beschrieben, in Zusammenarbeit mit den Eltern bei einem vorbereitenden Elternabend.

Tipp: Lassen Sie die Spielkarten laminieren.

schlecht, eklig	bad, yucky	mauvais, dégoûtant	cattivo, schifoso	kötü, uygunsuz, iğrenç
schön	nice	joli	carino	hoş
komisch	funny	drôle	buffo	komik, acaip
ja	yes	oui	si	evet
nein	no	non	no	hayır

Wortschatzkiste II

Mein Körper

Dieser Kartensatz beinhaltet den Grundwortschatz für die Bezeichnung verschiedener Körperteile. Wie bei Wortschatzkiste I können Sie in das Bildfeld entsprechende Abbildungen einfügen oder aus der Zeitung ausschneiden und aufkleben.

Spielvariante 1

Spielerisches Erkennen: Lesen Sie Wörter in den verschiedenen Sprachen vor und lassen Sie die Kinder raten, um welche Sprache und um welchen Körperteil es sich handelt.

Lassen Sie die Kinder auswählen, welche Sprache in ihren Ohren schöner klingt und welches Wort ihrem Gefühl nach besser zum bezeichneten Körperteil passt.

Spielvariante 2

Körperumrisse werden auf einen großen Bogen Papier oder Tapete gemalt. Die Wortkarten werden zu den entsprechenden Körperteilen gelegt.

Für eine einsprachige Übung benutzen Sie lediglich die Karten einer Sprache.

Spielvariante 3

Zur Erweiterung von Wortschatz und Sprachfähigkeiten werden weitere Wortbildreihen ergänzt: entweder zusammen mit den Kindern oder, wie zuvor beschrieben, in Zusammenarbeit mit den Eltern bei einem vorbereitenden Elternabend.

Hand	hand	la main	la mano	el
Arm	arm	le bras	il braccio	kol
Kopf	head	la tête	la testa	baş
Gesicht	face	le visage	la faccia	Yüz
Brust	chest	la poitrine	il petto	göğüs

			Augen	Finger	Fuß	Bein	Po	Bauch	Rücken
			eyes	finger	foot	leg	bottom, behind	tummy, stomach	back
			les yeux	le doigt	le pied	la jambe	le derrière, les fesses	le ventre	le dos
			gli occhi	la barretta	il piede	la gamba	il sedere, il sederino	la pancia	la schiena
			göz	parmak	ayak	bacak	popo	göbek	sırt

Wortschatzkiste III

Gefühle

Dieser Kartensatz beinhaltet den Grundwortschatz für die Bezeichnung verschiedener Gefühle. Wie bei *Wortschatzkiste I* können Sie in das Bildfeld entsprechende Abbildungen einfügen oder aus der Zeitung ausschneiden und aufkleben.

Spielvariante 1

Gefühlekarten verdeckt auslegen. Ein Kind zieht eine Karte und versucht, über Mimik und Körperhaltung das Gefühl darzustellen. Die anderen raten, um welches Gefühl es geht.

Spielvariante 2

Karten duplizieren und als Memory nutzen. Sie entscheiden, ob sie ein- oder mehrsprachig arbeiten wollen.

Spielvariante 3

Spielerisches Erkennen: Lesen Sie Wörter in den verschiedenen Sprachen vor und lassen Sie die Kinder raten, um welche Sprache und um welches Gefühl es sich handelt.

Lassen Sie die Kinder auswählen, welche Sprache in ihren Ohren schöner klingt und welches Wort ihrer Meinung nach besser zum bezeichneten Gefühl passt.

Spielvariante 4

Zur Erweiterung von Wortschatz und Sprachfähigkeiten können weitere Wortbildreihen ergänzt werden: entweder zusammen mit den Kindern oder, wie zuvor beschrieben, in Zusammenarbeit mit den Eltern bei einem vorbereitenden Elternabend.

Spielvariante 5

Vertiefung des Wortschatzgebrauchs für größere Kinder, die bereits über Kenntnisse in anderen Sprachen verfügen, oder für Gruppen, zu denen Kinder anderer Sprachkulturen gehören. Die Kinder können sich dann gegenseitig Sätze vorsagen und voneinander lernen.

Üben Sie in Verbindung mit dem Bildmaterial aus den Blanko-Vorlagen Sätze wie:

- Dieses Kind fühlt sich … froh.
- This child feels … glad.

……………………………………………………………………………

- Diese Person/dieser Mensch ist … traurig.
- This person feels … sad

So üben die Mädchen und Jungen ein, kleine Sätze in verschiedenen Sprachen zu formen und gleichzeitig Gefühle zu erkennen und auszudrücken.

Spielvariante 6

Die Kinder laufen durch den Raum. Die Spielleiterin ruft die Bezeichnung eines Gefühls, und die Mädchen und Jungen übernehmen das Gefühl: „Fröhlich" wird zu einem hüpfenden Gang, „traurig" zu einem gebeugten, „wütend" zu einem zornig stampfenden Gang usw.

Bei diesem Spiel erschließen sich die Kinder mit dem ganzen Körper eine Verbindung zu einem Gefühl. Regen Sie die Mädchen und Jungen an, alle Gliedmaßen zu nutzen und sich weit ausholend und raumgreifend auszudrücken – ohne die anderen zu stören oder anzurempeln.

glücklich, froh	glad	heureux	felice	mutlu, memnun
traurig	sad	triste	triste	üzgün, kederli
wütend	angry, mad	enragé, furieux	arrabbiato	kızgın

misstrauisch	fröhlich	schüchtern	enttäuscht	überrascht	einsam	zufrieden	stolz	ängstlich	ekelig, angeekelt
suspicious	happy	shy	disappointed	surprised	lonely	satisfied	proud	scared	digusting, disgusted
méfiant	content	timide	déçu	surpris	seul	satisfait	orgeuilleux	angoissé	dégoûtant, dégoûté
sospettoso	contento	timido	deluso	sorpreso	da solo	soddisfatto	orgoglioso	pauroso	schifoso, disgustato, nauseato
kuşkucu	memnun	utangaç	hayal kırıklığına uğramış	şaşırmış	yalnız	memnun	gururlu	ürkek	ığrenç, tiksinti verici

Wortschatzkiste IV

Personen

Damit soll das soziale Umfeld erfasst werden, aus dem sowohl helfende Personen kommen können als auch die Menschen, die Übergriffe auf das Kind ausüben.

Spielvariante 1

In Form einer Gruppenarbeit können die TeilnehmerInnen ein Kind – Mädchen oder Junge - an eine Tafel oder auf einen Bogen Papier malen. Dann überlegt die Gruppe gemeinsam, welche Personen zur Familie eines Kindes gehören und mit welchen Menschen es sonst noch in Kontakt kommt. Die entsprechenden Karten werden rund um das gemalte Kind ausgelegt oder aufgehängt. Ergänzen Sie nach Belieben: Verkäuferin, Bäcker usw.

Spielvariante 2

Die Personenkarten werden verdeckt ausgelegt. Bevor eine Karte gezogen wird, gibt es eine Frage, z.B. „Was würdest du mit der Person am liebsten tun?"

Geben Sie einige Ideen vor: in den Zoo gehen, ein Buch lesen, schaukeln, Löcher in die Luft gucken, Achterbahn fahren usw. (Beispiele am Alter der Gruppe orientieren.)

Anmerkungen zur türkischen Sprache:

Mutter – *Anne* (in Anatolien *Ana*)
Großmutter – *Anenanne* (mütterlicherseits)
Babaanne (väterlicherseits)
Nine (undefinitiv)

Mutter	mother	la mère	la madre	anne, ana
Vater	father	le père	il padre	baba
Schwester	sister	la sœur	la sorella	kızkardeş
Bruder	brother	le frère	il fratello	abi, ağabeğ
Onkel	uncle	l'oncle	lo zio	amca, enişte

			Freundin, Freund	Arzt	Erzieherin	Nachbar	Opa, Großvater	Oma, Großmutter	Tante
			friend	doctor	teacher	neighbour	grandpa	grandma	aunt
			l'amie, l'ami	le médecin	la maîtresse	le voisin	le grand-père	la grand-mère	la tante
			l'amica, l'amico	il medico	la maestra	il vicino	il nonno	la nonna	la zia
			kızarkadaş, erkekarkadaş	doktor	eğitimci	komşu	dede	annenanne, babaanne, nine	teyze, yenge

Wortschatzkiste V

Grundaussagen

Die Kinder bilden Sätze, mit denen sie die Grundaussagen von den Wortschatzkarten einüben. Die positiven Aussagen sollten dabei ebenso viel Raum erhalten wie die abwehrenden Aussagen.

Die Wortschatzkarten können mit den Bildern aus den Bilderbüchern kombiniert werden. Stellen Sie dazu Fragen, auf die die Kinder mit den vorgegebenen Grundaussagen antworten können. Zum Beispiel:

- Was hat das Kind auf dem Arm gesagt?

  – *Ich möchte eine Umarmung.* –

- Was denkt das Kind auf der Bank?

  – *Lass mich los.* –

- Was denkt das Kind mit den verschränkten Armen und angezogenen Beinen?

  – *Lass mich in Ruhe.* –

Die Wortschatzkarten können zusammen mit den Kindern oder den Erwachsenen vervollständigt und ergänzt werden.

Quiz

Benutzen Sie die Wortschatzkisten I bis IV.

Teilen Sie die Kinder in zwei Gruppen ein. Die erste Gruppe wählt ein Wort aus, das die zweite Gruppe erkennen und in möglichst viele andere Sprachen übersetzen muss.

Zeitbegrenzung je Wort: 2 Minuten (Küchenwecker benutzen).

Dann ist die andere Gruppe an der Reihe.

Gewonnen hat die Gruppe, die die meisten Übersetzungen an die Tafel geschrieben hat. Dabei ist es unerheblich, ob richtig geschrieben wurde.

Kannst du mir helfen?	Can you help me?	Peux-tu m'aider?	Puoi aiutarmi?	Bana yardım eder misin?
Ich möchte eine Umarmung.	Give me a hug.	Je voudrais que tu m'embrasses.	Voglio essere abbracciato.	Sarılmak isterdim.
Ich möchte einen Kuss.	Give me a kiss.	Je voudrais une bise.	Vorrei un bacio./ Mi dai un bacio?	Bir öpücük isterdim.
Lass mich los.	Let me go.	Lâche-moi.	Lascia mi andare.	Bırak beni, tutma
Nein, ich will nicht.	No, I don't want to.	Non, je ne veux pas.	No, non lo voglio.	Hayır, istemiyorum
Fass mich nicht an.	Don't touch me.	Ne me touche pas.	Non mi toccare.	Bana dokunma.
Lass mich in Ruhe.	Leave me alone.	Laisse-moi tranquille.	Lascia mi da solo.	Beni rahat bırak.
Das gefällt mir nicht.	I don't like that.	Je n'aime pas cela.	Questo non mi piace.	Bu benim hoşuma gitmiyor.
Das gefällt mir.	I like that.	Ça me plaît.	Mi piace questo.	Bu benim hoşuma gidür.

Blanko-Kopiervorlagen

Die Blanko-Vorlagen der Bilderbücher *Kein Küsschen auf Kommando* und *Kein Anfassen auf Kommando* können Sie auf verschiedene Weise einsetzen.

Bildbetrachtung

Lassen Sie die Kinder die Bilder beschreiben nach einfachen Fragestellungen wie:

- Was seht ihr auf dem Bild?
- Was passiert gerade?
- Wie fühlen sich die Menschen auf dem Bild?
- Was sagen sie gerade?
- Gefällt euch, was gerade passiert?

Fragen für weitergehende Gesprächsanregungen:

- Darf das jeder?
- Bei wem findet ihr das schön?
- Bei wem findet ihr das nicht schön?
- Was könntet ihr sagen oder tun, wenn ihr es nicht schön findet?

Die Wortschatzkarten aus den Kisten III und IV können zu Hilfe genommen werden.

Ein neues Buch

Kopiervorlagen an die Klasse verteilen, die dann im Rahmen einer Kleingruppen- oder Stillarbeit neue Texte entwickelt und die Bilder neu zu einem Buch zusammenstellt.

Regen Sie dabei das Verwenden mehrerer Sprachen an.

Die neuen Bücher werden in der Klasse vorgestellt und besprochen.

Achten Sie darauf, dass negativ entwickelte Schlusssequenzen positiv gewendet werden.

Kinder mit negativen Lebenserfahrungen neigen dazu, Geschichten ohne „Happy End" zu konstruieren. Sie drücken eher Hoffnungslosigkeit, Einsamkeit und Hilflosigkeit oder zerstörende Gewalt aus als eine positive Perspektive oder Auflösung.

Begleiten Sie die Kinder bei der Entwicklung ihrer Geschichte. Regen Sie sie dazu an, ein gutes Ende zu gestalten, damit ihnen die Arbeit mit dem Buch als positives Lernerlebnis in Erinnerung bleibt.

Elternarbeit

Stellen Sie den Eltern das Material bei einem Elternabend vor und entwickeln Sie zusammen mit den Eltern einen Text entweder in einer Sprache, die bisher nicht vorliegt, oder lassen Sie auch die Eltern nach dem Beispiel *Ein neues Buch* in Kleingruppen Bücher mit neuem Text entwickeln.

Grundlage können dabei entweder die Blankovorlagen eines oder beider Bilderbücher sein (Kein Küsschen/Kein Anfassen auf Kommando). Bei der Arbeit an den neuen Büchern werden vielleicht Befürchtungen und Ängste geäußert, die dann in der Diskussionsrunde durch Information von Seiten der Schule, des Kindergartens oder anderer Eltern aufgelöst werden können.

© 2004· www.mebesundnoack.de koPPischoPP – Kein Küsschen auf Kommando
© 2004· www.mebesundnoack.de koPPischoPP – Kein Küsschen auf Kommando
© 2004· www.mebesundnoack.de koPPischoPP – Kein Küsschen auf Kommando

© 2004· www.mebesundnoack.de koPPischoPP – Kein Küsschen auf Kommando

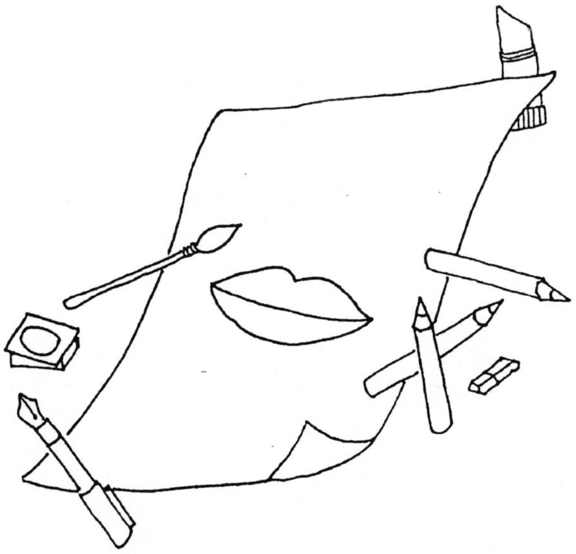

© 2004· www.mebesundnoack.de koPPischoPP – Kein Küsschen auf Kommando

© 2004· www.mebesundnoack.de koPPischoPP – Kein Küsschen auf Kommando

© 2004· www.mebesundnoack.de koPPischoPP – Kein Küsschen auf Kommando
© 2004· www.mebesundnoack.de koPPischoPP – Kein Küsschen auf Kommando
© 2004· www.mebesundnoack.de koPPischoPP – Kein Küsschen auf Kommando

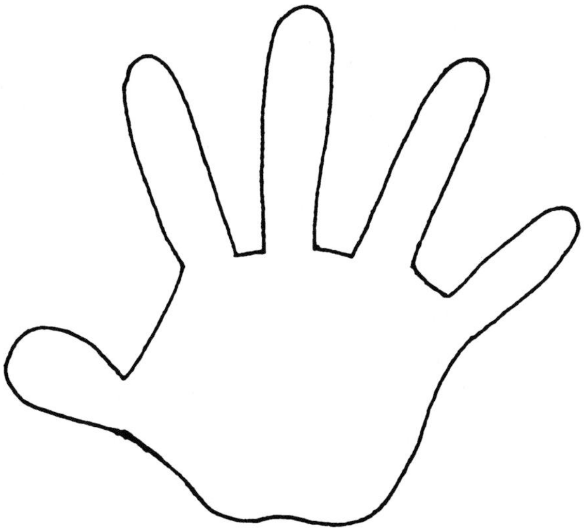

© 2004· www.mebesundnoack.de koPPischoPP – Kein Küsschen auf Kommando
© 2004· www.mebesundnoack.de koPPischoPP – Kein Küsschen auf Kommando
© 2004· www.mebesundnoack.de koPPischoPP – Kein Küsschen auf Kommando

© 2004· www.mebesundnoack.de koPPischoPP – Kein Anfassen auf Kommando

© 2004· www.mebesundnoack.de koPPischoPP – Kein Anfassen auf Kommando

© 2004· www.mebesundnoack.de koPPischoPP – Kein Anfassen auf Kommando

© 2004· www.mebesundnoack.de koPPischoPP – Kein Anfassen auf Kommando

© 2004· www.mebesundnoack.de koPPischoPP – Kein Anfassen auf Kommando

© 2004· www.mebesundnoack.de koPPischoPP – Kein Anfassen auf Kommando

© 2004· www.mebesundnoack.de koPPischoPP – Kein Anfassen auf Kommando
© 2004· www.mebesundnoack.de koPPischoPP – Kein Anfassen auf Kommando
© 2004· www.mebesundnoack.de koPPischoPP – Kein Anfassen auf Kommando

© 2004· www.mebesundnoack.de koPPischoPP – Kein Anfassen auf Kommando

© 2004· www.mebesundnoack.de koPPischoPP – Kein Anfassen auf Kommando

© 2004· www.mebesundnoack.de koPPischoPP – Kein Anfassen auf Kommando

Literaturhinweise

Blattmann, Sonja, und Gesine Hansen: Ich bin doch keine Zuckermaus. Neinsagegeschichten und Lieder. (Buch mit CD) Köln 2003

Blattmann, Sonja, und Marion Mebes: koPPischoPP Ich bin doch keine Zuckermaus – Didaktisches Material. Köln 2004

Braun, Gisela: Gegen sexuellen Missbrauch an Mädchen und Jungen – Ein Ratgeber für Mütter und Väter. Hg.: Arbeitsgemeinschaft Kinder- und Jugendschutz NRW, Köln o.J.

Enders, Ursula, und Dorothee Wolters: Gefühle-Quartett. Köln 2004

Eigensinn – Prävention von sexualisierter Gewalt gegen Mädchen und Jungen e.V.:
Bilinçli ve İnat. Çocuklari cinsel şiddete karşı nasil kouryabilirsiniz. – Önlem içerikli bis Broşür. Bielefeld 2004
Bezug über Eigensinn www.eigensinn.org

Freund, Ulli, und Dagmar Riedel-Breidenstein: Sexuelle Übergriffe unter Kindern. Handbuch zur Prävention und Intervention. Köln 2004

Manske, Christa, und Heike Löffel: Ein Dino zeigt Gefühle. Fühlen, Wahrnehmen und Empfinden – Bilderbuch mit didaktischem Ratgeber. Köln 2003

Präventionsbüro PETZE (Hg.): JA zum NEIN. Unterrichtsmaterialien für die Grundschule zur Prävention von sexuellem Missbrauch. Kiel 2004

Reichling, Ursula, und Dorothee Wolters: „Hallo, wie geht es dir?“ Gefühle ausdrücken lernen (Spiel). Mühlheim a.d. Ruhr 1994

Strohhalm e.V. – Projekt zur Prävention von sexuellem Missbrauch an Mädchen und Jungen:
Kız ve erkek çocuklarımızı cinsel tacizden nasıl koruyabiliriz? Wie können Mädchen und Jungen vor sexuellem Missbrauch geschützt werden? (zweisprachig) Berlin 2004
Bezug: Strohhalm e.V. www.strohhalm-ev.de

Vogt, Manfred:
Die Ich-Kann-HasenHühnerHunde (Spiel). Bremen 2004

Wanzek-Sielert, Christa: Kursbuch Sexualerziehung. So lernen Kinder sich und ihren Körper kennen. München 2004

Kontakte und Information

Informationen über weitere Spiele, Bücher und Materialien sind abrufbar unter:
www.donnavita.de

Dachverband zum Thema Prävention:
Bundesverein zur Prävention von sexuellem Missbrauch an Mädchen und Jungen e.V. • Postfach 4747 • 24047 Kiel
www.bundesverein.de

prävention
Zwischen Voyeurismus und Aufklärung
Qualitätskriterien
prävention

Ich bin doch keine Zuckermaus
mebes & noack

koPPischoPP
Ich bin doch keine Zuckermaus
mebes & noack

DONNA VITA
Donna Vita
Wissen
macht
Macht